防災リュック・在宅避難・食料危機まで完全ガイド

食料備蓄 はじめて BOOK

備え・防災
アドバイザー
直伝

備蓄ノウハウ

55

災害に
備える

お米を
備蓄する
方法は？

避難所で
なにを
食べる？

① 避難用
② 自宅用
③ 食料危機対策
３つの観点で
備蓄を検討

防災備蓄と
食料危機
対策は
どうちがう？

合同会社ソナエルワークス代表
備え・防災アドバイザー

髙荷智也
Takani Tomoya

徳間書店

食料備蓄はじめてBOOK

目次

はじめに …… 7

食料備蓄ノウハウ 考え方編

01 食料備蓄は必要ですか？ …… 9

02 「最低限」必要な備蓄の量は？ …… 10

03 「できれば」必要な備蓄の量は？ …… 11

04 食料備蓄の種類は？ …… 12

05 避難用の食料とは？ …… 13

06 短期備蓄とは？ …… 14

07 長期備蓄とは？ …… 15

column　毎日携帯する「行動食」について　……16

食料備蓄ノウハウ【避難所】防災リュック編

08 避難用の食料は何のための準備?　……19

09 リュックに入れる食べ物の量は?　……20

10 避難所に食べ物があるのでは?　……21

11 食料をたくさん持参したい場合は?　……22

12 避難用の食料に向いているのは?　……23

13 パンの缶詰・レトルトパン　……24

14 4タイプの備蓄ごはん　……25

15 肉や魚の缶詰&レトルトパウチ　……26

16 栄養補助食品&プロテインバー　……27

17 ゼリー飲料　……28

18 お菓子や嗜好品　……29

19 リュックに入れる飲料水の量は?　……30

20 非常用浄水器は使えますか?　……31

21 サプリなどは必要ですか?　……32

22 赤ちゃんのミルクはどうすれば？　……33

23 避難所で温かい食事を食べるには？　……34

24 避難所で歯みがきは必要ですか？　……35

column　避難所は「最後」の手段　……36

食料備蓄ノウハウ【在宅避難】短期備蓄編

25 在宅避難用の短期備蓄は何のため？　……39

26 非常時の食事は我慢が当たり前？　……40

27 在宅避難の備蓄はどう行う？　……41

28 専用備蓄が向いている人は？　……42

29 専用備蓄に使える備蓄品　……43

30 日常備蓄が向いている人は？　……44

31 日常備蓄のポイントは？　……45

32 ローリングストックとは？　……46

33 ローリングストック向きの食べ物は？　……47

34 飲料水のローリングストック　……48

35 水の備蓄は水でないとダメ？　…… 49

36 生活用水の備蓄はどうすれば？　…… 50

37 トイレはどうしたらいいですか？　…… 51

38 主食類のローリングストック　…… 52

39 おかず類のローリングストック　…… 53

40 お菓子や嗜好品のローリングストック　…… 54

41 栄養バランスはどこまで気にする？　…… 55

42 日用品のローリングストック　…… 56

43 家屋が倒壊したら備蓄は無駄？　…… 57

44 在宅避難で温かい食事をするには？　…… 58

45 カセットこんろ以外のガス器具は？　…… 59

46 カセットガスボンベも備蓄できる？　…… 60

47 電気の備蓄はできませんか？　…… 61

column　食品の賞味期限は
　　　　どのくらい「いける」のか？　……62

食料備蓄ノウハウ【食料危機】長期備蓄編

48 食料危機用の長期備蓄は何のため？　……65

49 食料危機は起こり得るのか？　……66

50 食料危機への備えはどのくらい？　……67

51 専用備蓄で長期保存をするなら？　……68

52 日常備蓄で長期保存をするなら？　……69

53 ローリングストックの落とし穴とは？　……70

54 コンテナストックの活用方法は？　……71

55 お米の長期備蓄方法は？　……74

　　column　長期備蓄は
　　　　　　「普通の防災」ではない　……76

　おわりに　……78

カバーデザイン・本文レイアウト／HIKIMA TAKASHI
写真／髙荷智也
編集担当／浅川 亨

はじめに

　こんにちは、備え・防災アドバイザーの髙荷智也です。

　突然ですが……備蓄、していますか？

　食料備蓄は家庭の防災における重要な要素ですが、なんとなく難しそう……、どこから手をつければいいのか分からない……と思われる方も多いのではないかと思います。

　しかし、ペットボトル水を 1 本、乾パンを 1 缶買ってくれば、それは立派な備蓄品になりますので、始めるだけなら誰にでも簡単に行えるのです。食料備蓄で難しいのは、「本番」を迎えるその日まで継続すること。始めることはやさしいが、続けることは難しい、それが食料備蓄の特徴であるといえます。

　ところで私の仕事は「防災」ですが、趣味も「防災」です。特に防災グッズを収集したり、備蓄品をため込んだりするのが好きで、期限切れの食品に挑戦する賞味期限チャレンジなども楽しく行っています。

　しかし最初から防災や備蓄を極めていたわけではなく、膨大な失敗経験の上に知識やノウハウを積み重ねてきました。この本は、そんな「食料備蓄」のコツを皆様にお裾分けするための書籍です。

　前作『今日から始める家庭の防災計画』はものすごく充実した書籍ですが、充実させすぎてハードルの高い本になりました。前々作『今日から始める本気の食料備蓄』は対象リスクがハイレベルすぎて、やはりハードルが高い本になりました。

　そこで今回は、家庭の防災をこれから始める方にも、すでに行っているがノウハウを知りたい方にも、手軽に読んでいただける内容にまとめました。テーマは「普通の災害に対する食料備蓄」です。

　この本が、皆様の食料備蓄の手助けになることを願います。

　それではご唱和ください。

　「備蓄しようぜ！」

食料備蓄
はじめて
BOOK

食料備蓄
ノウハウ
考え方
編

01 食料備蓄ノウハウ 考え方編

食料備蓄は必要ですか？

必要です‼……が、
優先順位は
災害の種類により変わります

　家庭・職場・学校などで行う**防災の最優先事項は「死なない準備」**で、災害ごとに異なる準備を行います。
　たとえば大地震や水害など「普通の大規模災害」の場合、食料を備蓄しても逃げ遅れて命を落とせば意味がなく、避難の準備をしても自宅が倒壊して即死すれば無駄になります。
　食料備蓄は重要ですが、まずは「大地震の揺れから自宅を守る準備」と「津波・洪水・土砂災害などからすばやく逃げる準備」を徹底し、その次の段階として備蓄を行います。
　一方、超巨大噴火や強毒性のパンデミックなど「食料危機」を伴うような災害の場合は、食料の有無がそのまま生死につながります。
　このような状況に対しては、食料備蓄の優先順位が高くなるのです。

02 食料備蓄ノウハウ 考え方編

「最低限」必要な備蓄の量は？

> **最低3日分**の備蓄が必要！
> 大規模災害から
> 3日間は支援ゼロと考えます

　大地震や大規模水害などが発生した際、レスキューや自衛隊などの力は、まず人命救助に振り向けられます。

　生き埋めや身動きの取れなくなった人を助けられる目安が72時間となるため、**発災から3日間は救助活動が最優先**となるためです。

　さらに、生き延びた人への支援を行うためには、外部から車両を入れなければなりませんが、災害の規模が大きい場合は、**道路を最低限で復旧させるためにも3日程度の時間が必要**となります。

　そのため、**災害で生き延びた人に対する本格的な支援は、最短でも4日目以降**となります。

　発災直後の3日間は支援ゼロと考え、自助のみで過ごすための備蓄が「最低限」必要な備蓄の量となります。

03
食料備蓄ノウハウ
考え方編

「できれば」必要な備蓄の量は？

> できれば**7日分**の
> 備蓄を確保！
> 都市部や孤立地域は
> 支援が不足しがちです

　近い将来の発生が想定されている首都直下地震や南海トラフ地震など、**多人数または広範囲に影響をもたらす災害が生じた場合、あるいは島嶼部や山間部など孤立の恐れがある地域**に対しては、発災から4日目を迎えても支援が行き届かない恐れがあります。

　そのため、目安として**1週間、電気・ガス・水道などのライフラインが止まった状況で生活を維持するための準備が必要**となります。もちろん、発災から1週間ですべてのライフラインが復旧するということではありません。道路の復旧に伴い外部からの支援が強化されたり、逆に被災地から外へ自主避難できるようになる目安が、この期間となります。

04

食料備蓄ノウハウ
考え方編

食料備蓄の種類は？

①避難用の食料
数日分程度
走って逃げるための準備

まずは防災リュックに「背負った際に走れる重さ」の食料を入れる。
常温でそのまま食べられる、おいしい備蓄食を選択しましょう。

②短期備蓄
最低3日、できれば7日分程度
自宅に留まるための準備

自宅に留まる「在宅避難」で必要な食料を自宅のキッチンに確保。
普段の食材を多めに購入し食べながら入れ替える「日常備蓄」で。

③長期備蓄
1ヶ月分以上の備蓄に挑戦
食料危機から命を守る準備

地球規模の凶作や輸入・物流停止で生じる食料危機への備え。
「普通ではない防災」となるため、まずは①②を優先しましょう。

05

食料備蓄ノウハウ
考え方編

避難用の食料とは？

防災リュックに入れて持ち出す避難所や車中泊向けの食事です

　避難用の食料は、自宅から避難する際に持ち出して、避難先で食べるための食事になります。
　災害の状況によっては、避難先が慌ただしい環境であったり、停電や断水などが生じていたりする恐れもあるため、
　　「調理不要でそのまま食べられる」
　　「常温以下の温度でも食べられる」
　　「食器不要で食べられる」
上記のものを選択するのがおすすめです。
　さらに「におい」にも注意が必要です。災害の規模が大きく避難者が多い場合は、避難所に多くの人が詰めかけます。
　この状態で「どこでも熱々カレーが作れるセット」を食べるのは人目がはばかられます。
　車中泊などであれば問題ありませんが、**避難所へ入る場合はあえて目立たない食料を持参**するとよいでしょう。

13

06 食料備蓄ノウハウ 考え方編

短期備蓄とは？

停電や断水が生じている自宅での在宅避難時の食事です

　短期備蓄は、災害時に自宅へ留まる「在宅避難」をするために準備する食料です。

　停電や断水が生じている恐れもありますが、カセットこんろやポータブル電源などを準備することで、普段に近い食事を準備することも可能です。

　いわゆる「THE 非常食」を大量に準備しても構いませんが、お金や賞味期限管理の問題が生じますので、**普段食べているものを少し多めにストックし、平時から食べて入れ替える「日常備蓄」の手法を取り入れるのがおすすめ**です。

　なお、在宅避難をする際には食事とあわせてトイレの確保が重要です。

　水・食料を1週間分準備するならばトイレも1週間分、入口と出口はセットで用意しましょう。

07 食料備蓄ノウハウ 考え方編

長期備蓄とは？

**食料危機などが
発生した際に
餓死しないための食事です**

　長期備蓄は食料がないことで餓死する状況を回避するための準備です。
　強毒性の感染症パンデミックによる流通の停止、太陽のスーパーフレアによる地球規模の大停電、火山の超巨大噴火による寒冷化と大凶作、核戦争による混乱など、食料危機に発展する恐れのある状況に対する備えとなります。
　大地震や水害などの災害と比較して発生頻度は低いですが、いずれも可能性がある状況ですので、いわゆる「普通の防災」の後に行っていただきたい対策となります。
　長期備蓄の手法も複数ありますが、いずれも計画やテクニックが必要となるため、まずは「最低3日・できれば7日」分の食料を確保し、その後さらに備えをすすめたい場合に実施をしましょう。

column

毎日携帯する「行動食」について

　食料備蓄の種類として「①避難用」「②短期備蓄」「③長期備蓄」の3種類を紹介しました。

　本文には登場しませんが、実はもう1種類あります。それが行動食です。行動食は外出時に持ち歩く、最低限の備蓄食で、0次防災とか、あるいはEDC（Every day carry）備蓄食などとも呼ばれます。屋外で被災した際に必要とする食べ物で、**行動するためのエネルギー確保、あるいは避難所などでの1回分の食事**として使用します。

　行動食は常に携帯するものになりますので、それほどたくさんの量は持ち運べません。たとえば登山などでも使われるチョコレートなどは優れた行動食ですが、夏はとけてしまうため冬場向けとなります。またカロリーメイトなどの栄養補助食品も行動食に使えますが、毎日の通勤通学で持ち歩き続けると、粉々になってしまい、袋を開けた瞬間にバフッと四散します。そこでおすすめしたい行動食が「ようかん」です。

　ようかんは、衝撃・高温・低温に耐える食べ物で、しかも安価でカロリーも高く行動食に向いています。個人的には「備蓄食界のG-SHOCK」と呼んでいますが、毎日携帯する食べ物としておすすめです。

日々の携帯に便利なようかんの特徴

①高いカロリー密度
豆と砂糖の塊なので、重量・体積当たりのカロリーが多い。コンパクトで高カロリーなのは携帯に向いています。

②賞味期限が長め
砂糖多め・水分少なめで微生物が増えづらく、賞味期限が長い。5年保存の長期備蓄ようかんなどはさらに長持ち。

③パサつかず食べやすい
「粉物」ではないため口当たりがよく、水がなくても食べやすい。喉に詰まりづらく子どもや高齢者にも食べやすい。

④優れた耐衝撃性能
毎日持ち歩いても、割れたり崩れたりせず、ポケットを叩いても増えない。潰れても、ようかんはようかん！

⑤耐高温・耐低温性能
夏場の高温でも溶けず、冬場の低温でも凍らない。ようかんは極限状態に耐えられるエクストリームな備蓄食です。

⑥安価で入手しやすい
これほど優れた備蓄食でありながら、どこでも購入できてしかも安い。コンビニなどでも100円で買える手軽さ。

写真は5年備蓄のようかん。
左は井村屋の「えいようかん」、あずき味とチョコ味、どちらもおいしい。
右は榮太樓總本鋪の「そなえようかん」、寄りそうシマエナガがかわいい。

17

食料備蓄
はじめて
BOOK

食料備蓄
ノウハウ
【避難所】
防災リュック
編

08

食料備蓄ノウハウ
防災リュック編

避難用の食料は
何のための準備？

食料をリュックに入れて
避難の準備をするのは
餓死ではなく、逃げ遅れを防ぐため

　大地震による津波や火災、台風や大雨による洪水や土砂災害など、**自宅に留まると命に危険が生じる災害から命を守るためには、避難をすることが重要**です。

　このとき、非常持ち出し袋……いわゆる防災リュックを作成しますが、ここに入れる食料は「餓死」を防ぐためのものではありません。

　すばやい避難が必要となる状況で、防災リュックなどの用意がない場合、逃げるための荷物を作るための時間が発生し避難が遅れます。

　そこで、事前に避難用の荷物を用意しておくことで、緊急時にすばやく自宅を飛び出せるようにするのです。

　リュックに入れる食料は楽に持てる量にしましょう。重すぎて避難が遅れた……というのは本末転倒です。

19

09

食料備蓄ノウハウ
防災リュック編

リュックに入れる食べ物の量は？

楽に持ち運べる
範囲の重さで
最大３日分の食料を入れます

　防災リュックに入れるものの中で、最も重量のあるアイテムが水と食料です。

　大きなリュックを準備した場合、たくさんの道具を詰められますが、水と食料を入れすぎるとリュックが重くなりすぎ、持ち上がらなかったり、すばやく行動できなくなったりという弊害が生じます。

　そのため、**まずは避難のために欠かせないアイテムをリュックに入れ、その後楽に背負える範囲内で水と食料を追加する**のがよいでしょう。

　リュックに荷物を詰めてみたら、実際に背負って重さを確認してください。

　できれば地域やマンションの防災訓練の際に、最寄りの避難場所・避難所まで歩いてみると確実です。

10

食料備蓄ノウハウ
防災リュック編

避難所に食べ物があるのでは？

避難所は宿泊施設ではありません
屋根と床以外は
自分で持ち込みます

避難先には、**命を守るための「避難場所」**と、生活をするための「避難所」があります。

避難場所は津波避難タワーや運動場などの屋外が指定されることもあり、原則として全住民を収容できるようになっています。

一方、自宅を失った人が一時的に身を寄せる避難所は、学校の体育館などの屋内ですが、住民の1〜2割分程度の収容数しかなく、場所も食料も物資も不足しがちです。

避難所へ行けばなんとかなるというのは危ない考え方で、外部の支援が始まるまで屋根と床以外は自分で準備しなければなにもない、という可能性もあります。

リュックが重すぎるのは問題ですが、手ぶらで避難所へ行っても困る、ということは知っておいてください。

11

食料備蓄ノウハウ
防災リュック編

食料をたくさん持参したい場合は？

> 緊急避難・被災生活の
> **食料を分割**して、状況に応じ
> **すべてまたは一部**を持ち出します

　リュックを軽くしつつ、ある程度の物資を持ち込むためには、**荷物の分割作成がおすすめ**です。津波・火災・土砂災害などの**緊急避難時には「必需品を入れた小さなリュック」**だけを持って避難し、事前避難や念のための避難など**余裕がある際には「たくさんの食料・生活用品を入れた大きなカバン」**を持って避難します。

左のような小さなリュックを玄関や廊下において、津波や火災などの緊急避難時に、すばやく自宅を飛び出せるようにします。右のような大きなカバンは、台風や大雨の事前避難など時間がある際に使用します。余裕があれば自動車なども使えるため、食料や生活用品を多く持ち込むこともできます。

12

食料備蓄ノウハウ
防災リュック編

避難用の食料に向いているのは？

調理不要でそのまま食べられるにおいの少ない食べ物を準備する

　緊急避難時に持ち出す「小さなリュック」には、どのような食べ物を入れるのがよいでしょうか。

　近年、備蓄食は進化していて、熱々のおいしい食事をどこでも手軽に食べられるセットなどを手軽に購入できます。しかし、**大規模災害で混雑する避難所で、こうした「美味しそうなにおいが広がる」食事を食べるのは、なかなか周囲の目線が気になります。**鋼鉄の胃袋ならぬ、ワイヤーロープの神経が必要になる状況です。

　避難所で食べる食事は、それを食べるシチュエーションをイメージして準備することが重要です。さらに、停電や断水が生じている場合は調理や加熱が難しかったり、食器が必要なものは食べづらかったりする問題もあります。

　車中泊やテント泊を前提にする場合は、好きな食べ物や調理器具を使用できますが、避難所へ入る可能性が高い場合は、**できるだけそのまま食べられる物を準備**するとよいでしょう。

23

13

食料備蓄ノウハウ
防災リュック編

【避難用の食料の具体例】
パンの缶詰・レトルトパン

普通のパンをそのまま保存
常温でそのまま食べられる備蓄食

　かつて備蓄食の代表と言えば「乾パン」でしたが、**現在では「パンの缶詰・レトルトパン」が普及**しています。焼いたパンがそのままパッケージされているため、**常温でそのまま、誰にでも食べやすい**ことが特徴です。

左はパンの缶詰、右はレトルトパン。缶詰のパンはリュックの中で潰れにくいが、食べ終わった後の缶が邪魔になる。避難リュックに入れるならレトルトパンの方がコンパクトかつゴミも出づらくおすすめ。

14

食料備蓄ノウハウ
防災リュック編

【避難用の食料の具体例】
4タイプの備蓄ご飯

種類豊富なおいしい備蓄ご飯
災害時にもご飯がある安心

　備蓄ご飯には4つの種類があります。①**レトルトご飯**・常温でそのまま食べられます。②**パックご飯**・炊きたてご飯に近いですが過熱しないと「食べられない」ご飯です。③**アルファ化米**・お湯か水で戻して食べる備蓄食の定番です。④**フリーズドライご飯**・お湯か水で戻すかそのままでも食べられます。

写真左上①／レトルトご飯や缶詰のご飯。右上②／電子レンジか湯煎で加熱するパックご飯。左下③／食感が良くおすすめのアルファ化米。右下④／軽量で賞味期限の長いフリーズドライご飯。

15

食料備蓄ノウハウ
防災リュック編

【避難用の食料の具体例】
肉や魚の缶詰＆レトルトパウチ

タンパク質を補える肉や魚は重要！
残りの汁やゴミ処理方法は考慮

　避難所の備蓄品や炊き出しは、炭水化物が多くなりがちなため、肉や魚の缶詰・レトルトの準備はよい組み合わせです。**食べ終えた後のゴミ・におい対策として、防臭袋や液体を固める非常用トイレを準備**しましょう。

左は肉や魚の缶詰、右はレトルトパウチの惣菜。ゴミ処理を考えるとレトルトパウチの食品が避難所へ持ち込みやすい。おかず類は食べ終えた後に「汁」や「におい」が問題となるため、防臭袋などをあわせて準備したい。

16

食料備蓄ノウハウ
防災リュック編

【避難用の食料の具体例】
栄養補助食品＆プロテインバー

不足しがちな栄養素を補える！平時にも非常時にも便利な食事

　カロリーメイトを初めとする栄養補助食品や、各種のプロテインバーなどは、**常温でそのまま食べられ、不足する栄養素を補える優れた備蓄食**です。特に発災直後の食事に向いているため、ぜひリュックに入れましょう。

左から、栄養補助食品、プロテインチョコバー、長期備蓄クッキー。いずれも避難先で使いやすく、ゴミも出づらいため防災リュックに入れる食品として大変優れている。自分の好きな味のものを選んでいれましょう。

17

食料備蓄ノウハウ
防災リュック編

【避難用の食料の具体例】
ゼリー飲料

飲料水を補えて喉にも詰まらない！
子どもや高齢者にも優しい食事

ゼリー飲料は**手軽に水分及びカロリーやビタミンの補給ができ、喉にも詰まらないため使いやすい備蓄食**です。長期保存タイプをリュックに入れたり、平時に飲むものをリュックに入れて入れ替えたりしてもよいです。

ゼリー飲料は通常タイプの他（左）、長期備蓄タイプ（中央3種）や、乳幼児向け（右）などもある。いずれも非常時に使いやすい食品で、リュックに追加したい。味の好みがあるため、事前に試食するのがおすすめです。

18

食料備蓄ノウハウ
防災リュック編

【避難用の食料の具体例】
お菓子や嗜好品

食事の補助にも気分転換にも！自分と家族が好きな物を入れる

　災害時の食事には、**体力を維持するだけでなく心を落ち着かせる働き**もあります。好みのおやつ、甘い物などがあると役立ちます。特に**子どもは、普段と異なる食事を受け付けないこともある**ため、お菓子が有効です。

お菓子や嗜好品は個人の好みで選択する。甘ければよいというものではなく、嫌いな物を避難所へ持ち込んでも意味がありません。普段食べているおやつの一部をリュックに入れて、賞味期限で入れ替えてもよいです。

19

食料備蓄ノウハウ
防災リュック編

リュックに入れる飲料水の量は？

500mℓのペットボトル水を楽に持ち運べる範囲で準備しましょう

　避難用のリュックが重くなる最大の原因は、飲料水の入れすぎです。大きなリュックを準備するとたくさんものが入るため、隙間に水のペットボトルなどをたくさん入れたくなりますが、これで重量が増えすぎて避難が遅れるのでは意味がありません。

　飲料水を入れるのは最後にして、持ち運べる範囲内で調整しましょう。リュックを定期的に点検できるなら、安価な水を。そうでなければ長期備蓄水を入れると管理が楽です。

　なお、2ℓサイズのペットボトル水を入れると、これを飲むためのコップなどが必要になります。**そのまま飲める500mℓのペットボトル水が便利**です。ただし、口をつけたボトルを長期間保管すると雑菌が繁殖するため、1日程度で飲みきるようにしてください。

　また、避難所で給水を受けるために、折りたためる給水バッグなどを追加してもよいでしょう。大型の水タンクは、避難用ではなく自宅に留まる在宅避難用に使用してください。

20

食料備蓄ノウハウ
防災リュック編

非常用浄水器は使えますか？

あれば役立ちますが、水源の確保が難しいため必須ではありません

　飲料水の確保に役立つのが非常用浄水器です。RO膜（逆浸透膜）を用いた高性能タイプは「どんな水でも」飲めるようにできますが、サイズが大きいためリュックに入れて持ち歩くことはできません、在宅避難用です。

　携帯サイズの非常用浄水器は、寄生虫・細菌・一部のウィルスなどを除去できますが、化学物質や重金属を取り除くことはできないため、**「飲むと命にかかわる水」ではなく、「お腹を壊す恐れのある水」を安全にする目的で使用**します。プールの水・検査済の井戸水・雨水などに使用できますが、上流の状態が分からない河川の水などの利用には不適切です。また各種の浄水器はお湯を通すとフィルターがダメになるため、冷やして使います。

　非常用浄水器を持参する場合は、手のひらサイズの携帯浄水器をリュックに入れておくとよいでしょう。またアウトドアや海外旅行でも使用できますので、平時から使って入れ替えができれば無駄になりません。

31

21
食料備蓄ノウハウ
防災リュック編

サプリなどは必要ですか？

数日程度なら優先度は低いですが栄養補助食品はあると嬉しい

　避難生活が1週間を超えるような場合、不足しがちなビタミン＆ミネラルなどを補えるサプリが役立ちます。数日程度なら優先度は低くなりますが、かさばるものではないのでリュックに入れておいてもいいでしょう。

日頃からサプリを飲む習慣がある場合は、いつものサプリの在庫をリュックに入れると無駄になりません（左）。防災専用なら長期備蓄サプリ（中央・サバイバルフーズサプリメント）や、ビタミンなどが強化されたスープ（右・ライフスープ）などを使うのもおすすめ。

22

食料備蓄ノウハウ
防災リュック編

赤ちゃんのミルクはどうすれば？

そのまま飲める液体ミルクと使い捨て哺乳瓶＆乳首を準備します

　停電・断水が生じている避難所などで、乳児のミルクを準備したり、哺乳瓶や乳首の消毒をしたりすることは大変です。**常温保管できる液体ミルクと、使い捨ての哺乳瓶・乳首をリュックに入れておく**と便利です。

写真左は液体ミルク。調乳済でそのまま赤ちゃんに飲ませることができます。写真右は使い捨ての哺乳瓶と乳首（chu-bo!）。液体ミルクだけでなく、粉ミルクを与える際にも使えるため、乳幼児用に準備すると役立ちます。

23

食料備蓄ノウハウ
防災リュック編

避難所で温かい食事を食べるには？

火を使わない加熱器具を活用します
ホカホカのいいにおいに注意

　モバイルバッテリーの電力で使える、**発熱する布地を用いた加熱器具「WILLCOOK」**や、**火も電気も使わない発熱セット「モーリアンヒートパック」「ホットプラス」**を使うことで、食品の温めが可能です。
　ただし「いいにおい」が広がり過ぎると食事がしづらくなるため、車中泊などで使用するのがおすすめとなります。

左は「WILLCOOK」、モバイルバッテリー給電で食品加熱ができる電気保温バッグです。中央は「モーリアンヒートパック」、左は「ホットプラス」、使い捨てですが火や電気を使わずに食品加熱ができるアイテムです。

34

24

食料備蓄ノウハウ
防災リュック編

避難所で歯みがきは必要ですか？

誤嚥性肺炎から命を守るため
ペーパー歯みがきなどの準備が必要

　非常時にも歯みがきは重要です。**歯みがきが不十分だと歯周病菌が増加し、これが気管に入ることで生じる「誤嚥性肺炎」を招く**ことがあります。

　特に高齢者は命を落とすこともあるため、食料と合わせてペーパー歯みがきなどのオーラルケア用品を持参することが重要です。

水道が生きていれば「普通の歯みがきセット」が役立つ。断水時には水のいらないペーパー歯みがきが便利。余裕があれば歯間ブラシを追加したり、キシリトールガムを加えたりするのもおすすめ。

避難所は「最後」の手段

　台風や大雨で避難指示が出ても、すぐに避難をする人は少数です。一方、実際に洪水が発生したり、あるいは大地震で大きな被害が生じたりした場合は、なんとなく「避難所へ行かなければならない」と思ってはいないでしょうか。

　命を守るために「避難場所」へ行くことは重要ですが、生活のために「避難所」へ行くことは義務ではなく、自宅が無事であれば移動の必要はありません。またそもそも、避難所の定員や物資は限られ、避難所へ行っても物理的に入れない、物資ももらえない、という状況もあり得るのです。

 避難所へ行くことは義務でしょうか？

 自宅が無事なら行く必要はありません

**避難所は自宅での生活が困難に
なった方が一時的に身を寄せる場所**

**さらに、避難所の定員・物資は限られ
すべての住民を受け入れる準備はない**

※おおむね住民の２割前後が定員、
残りの８割の方は在宅避難が基本です

そして、避難所を運営するのも避難者自身です

災害時、「避難所へ行けばなんとかなる」と思っている人も多いとは思いますが、避難所は「最初の手段」ではなく「最後の手段」であると考えてください。

避難所は宿泊施設ではありませんので、寝泊まりの環境がそろっているわけではなく、また行政職員も被災者となりますので、避難所を運営するのは「避難所にいる人全員」の役割なのです。

自力で避難先を確保できる場合、あるいは自宅で在宅避難を行える場合、避難所以外の選択肢をとることを強くおすすめします。そのために、短期備蓄が重要なのです。

自宅で在宅避難可 他に行き場がある	避難所以外に 行き場がない
▼	▼
避難所へ行かずに 生活するのが おすすめ	屋根と床以外の 衣食住は 持参する

もちろん命が危険な場合の避難は最優先!!

生活をするための避難は 最終手段です

食料備蓄
はじめて
BOOK

食料備蓄
ノウハウ
【在宅避難】
短期備蓄
編

25

食料備蓄ノウハウ
短期備蓄編

在宅避難用の短期備蓄は何のため？

停電や断水が生じている状況で
避難所ではなく自宅で生活をする準備

　大地震や水害などの災害に見舞われても、**自宅が無事であれば避難所へ行く必要はありません**。しかし、災害の影響で停電や断水が生じたり、物流が停止して買い物ができなくなったりすると、普段通りの生活を行うことは難しくなり、避難所へ行かざるを得なくなります。避難所は宿泊施設ではないため、環境は決してよいものではありません。そのため、ライフラインが止まっている状況で、自宅に留まるための備蓄が必要になります。

　量としては、最低3日分・できれば7日分が目安となります。備蓄品の量が多いほど普段と同じような生活を送れますが、備蓄の難易度も上がります。

　すると備蓄が大変になり、ある日息切れして食料備蓄をやめてしまう、と言うことが生じます。防災は重要なことですが、無理をすると長続きしません。**備蓄はできるだけ生活と財布に負担がかからない方法で行いましょう**。命を守ったあとの防災は楽をしてよいのです。

39

26

食料備蓄ノウハウ
短期備蓄編

非常時の食事は我慢が当たり前？

備蓄食はおいしいが当たり前の時代に付加価値や利便性に優れた食を選べる

　かつての備蓄食には、おいしくなかったり、食べづらかったりするものが多くありました。大規模災害はそう頻繁に生じるものではなく、たとえ発生したとしても非常時だから多少の我慢はしかたない、と考えられていたためです。

　しかし、繰り返される大規模災害のたび食事に関する不満や問題が発生し、食品メーカーはこれを改善するために努力を積み重ねました。その結果、**近年の備蓄食は劇的な進化を遂げています。**

　特に2011年の東日本大震災以降、備蓄食は「**おいしいのは当たり前、その上でどのような付加価値があるか**」という段階に進化しています。常温でも食べやすくておいしいだけでなく、アレルギーに配慮されていたり、パッケージに多言語対応がなされていたりと、災害時だからといって食事に我慢をすることはなくなりました。とはいえ味の好みは人それぞれです、自分や家族の好きな製品を選んで、楽しく備蓄を行ってください。

27

食料備蓄ノウハウ
短期備蓄編

在宅避難の備蓄はどう行う？

①災害に備えた専用備蓄
普段は倉庫や物置に収納し
平時は使わず「非常時にだけ」食べる備蓄

　企業や自治体が多く採用する方法が専用備蓄です。賞味期限が長く保存性に優れた備蓄食を事前に確保し、災害発生時にだけ使用します。防災専用の保管場所や費用が必要となりますが、**確実に一定数を備蓄**できます。

②平時にも使う日常備蓄
普段からキッチン周辺に収納し
平時はもとより「非常時にも」食べる備蓄

　家庭におすすめなのが日常備蓄です。災害時にだけ使うグッズは防災リュックへ入れ、平時にも使えるものは「どうせ使うものを多めに買い、普段使いしながら入れ替える」ことで、**保管場所や費用の負担を軽減**します。

28

食料備蓄ノウハウ
短期備蓄編

専用備蓄が向いている人は？

多少の場所とお金を使っても
備蓄の手間を軽減したい人向け

　専用備蓄では、賞味期限が3年〜7年程度の「THE・備蓄食」を、最低3日分できれば7日分購入し、平時はどこかに収納しておきます。

　防災用の予算と収納場所を必要としますが、**期限切れ時の入れ替え以外は、特に作業が発生しないため管理が楽です。**細かな管理は苦手だけれど備蓄は確保したい、という方におすすめです。自宅用の備蓄の他、実家や子どもの家など「誰かの備蓄を代わりに行う」場合にも向いた方法です。

　専用備蓄を行う食べ物は、単品で購入して自分なりの「3日分セット」「7日分セット」を組むのも楽しいですが、**「備蓄食セット」を購入すると簡単に準備ができます。**

　備蓄食メーカーや防災ショップが、◯日分セットを各種販売していますので、これを日数分×家族人数分購入すれば、準備完了です。

　また、期限切れの際には家族で備蓄品を食べて、おいしかったものを優先的に補充するようにしましょう。

29

食料備蓄ノウハウ
短期備蓄編

【在宅避難・短期備蓄の具体例】
専用備蓄に使える備蓄品

おいしい備蓄食をリードしてきたブランドのひとつ、**杉田エース（株）が展開する「IZAMESHI」シリーズ**の備蓄ご飯セットです。3年〜5年保存のアルファ化米やおかゆなどがセットになっています。

どこでも温かいご飯が食べられる、**ホリカフーズ（株）の「レスキューフーズ」**セットです。5年備蓄のご飯＋おかず＋発熱剤が入ったボックスがセットになっており、火を使えない状況でも温かい食事が食べられます。

備蓄ご飯でおなじみ「アルファ米」の元祖メーカーである**尾西食品（株）の「一汁ご膳」**です。5年備蓄の白米と汁物のセットで、けんちん汁や豚汁定食として食べてよし、白米にいれて炊き込み風ご飯にしてよし、おいしい食事です。

43

30

食料備蓄ノウハウ
短期備蓄編

日常備蓄が向いている人は？

場所やお金を節約しつつ
防災を楽しんで行える人向け

　日常備蓄は、防災をライフスタイルにするための備蓄方法
です。

　普段自宅で消費している食料品・飲み物・生活用品を、少
し多めに購入して自宅にストックし、期限の近いものから順
番に消費しつつ、すべてなくなる前に買い足します。
「どうせ使うものを先に買うだけ」という考え方になるため、
防災専用の収納場所や予算を必要とせず、生活の延長として
備蓄を行えることがメリットになります。

　一方、日常備蓄は毎日のちょっとした手間と管理が生じる
ため、状況によっては自宅から備蓄品がなくなってしまった
り、すべての賞味期限が切れてしまったりという問題も生じ
ます。すべての備蓄品を日常備蓄だけで準備するのではなく、
平時にも非常時にも使うものは日常備蓄で、非常時にだけし
か使わなさそうなものは専用備蓄で、それぞれの利点を生か
した備蓄を行うのがおすすめです。**日常備蓄は便利ですが、
万能ではないのです。**

31

食料備蓄ノウハウ
短期備蓄編

日常備蓄のポイントは？

備蓄を始めることよりも消費と補充を継続することが重要

日常備蓄を始めるのは簡単です。

買い物の際にもう1品多く購入すればスタートできます。問題はこれを継続すること。

期限内の消費と補充が止まってしまうと、とたんに期限切れの食品で溢れ、食料備蓄が崩壊します。

日常備蓄する物品は、普段使用する場所で保管し、すぐに取り出せるように見やすく収納しておくことが重要です。使うのが大変な日常備蓄品は使われなくなり、数年後に負担となってのしかかってくるのです。

日常備蓄は「見やすく」「取り出しやすく」がポイントです。

45

32

食料備蓄ノウハウ
短期備蓄編

ローリングストックとは？

多めに買い、平時に食べて、補充する日常備蓄の代表的なスタイルです

ローリングストックは「①多めに買う②平時に食べる③補充する」を繰り返す、日常備蓄の方法のひとつで、日常備蓄の代名詞的に使われる言葉です。

普段から消費する食料品・飲み物・日用品を少し多めに購入しておき、期限の近いものから順番に消費し、すべてなくなる前に補充する方法です。1品単位で備蓄・消費・補充をするため、よく使うものの備蓄に向いています。

33

食料備蓄ノウハウ
短期備蓄編

ローリングストック向きの食べ物は？

毎日たくさん消費するものが
ローリングストックに向いています

　ローリングストックを長続きさせるコツは、**期限内に無理なく入れ替えられる量で備蓄を行うこと**です。期限内に食べたり使ったりしきれない量の物資を買い込むと、「消費」ではなく「廃棄」しての入れ替えが必要となり、作業が面倒になってローリングが止まってしまいます。

　普段からよく食べたり使ったりするものであれば、放っておいてもなくなっていきますので、期限内の消費と補充が行いやすくなります。

　お米などの主食類、家族の誰かが好む、レトルト食品・インスタント食品・お菓子類・飲み物、ティッシュ・トイレットペーパー・ゴミ袋などの必需品はローリングストックに向いています。一方、災害時には欲しいけれど普段はあまり消費しない、というものはローリングストックではなく、前述の「専用備蓄」で準備したほうがよいでしょう。備蓄品すべてではなく、平時にたくさん使うものをローリングストックするのがポイントです。

34
食料備蓄ノウハウ
短期備蓄編

【在宅避難・短期備蓄の具体例】
飲料水のローリングストック

ペットボトル水や ウォーターサーバーを平時から活用

　普段からペットボトル水を飲んだり、ウォーターサーバーを活用したりする場合は、これらをローリングストックするのがおすすめです。**自宅における範囲で、かつ期限内に飲みきれる量**のペットボトル水の箱や、ウォーターサーバーのボトルを確保し、飲んだら補充するという方法を繰り返せば、飲料水の備蓄は完了です。

ペットボトル水のローリングストックの場合は、箱単位の管理がおすすめ。2ℓ×6本入りの箱を使う場合、最低限なら家族の人数×1箱、余裕を持たせるなら家族の人数×2箱のペットボトル水を購入。普段から水を飲んで、1箱が空になったら1箱を補充する、という方法で楽に備蓄が行えます。期限や購入日を書いておくと入れ替えが簡単になります。

35

食料備蓄ノウハウ
短期備蓄編

水の備蓄は水でないとダメ？

飲み物は水以外でも OK
お茶、ジュース、炭酸水なども活用

　自宅に浄水器をつけていたり、水道水がおいしい地域だったりすると、「水」を購入する習慣がない場合もあります。この場合はペットボトル水やウォーターサーバーによるローリングストックが成立しないため、賞味期限が 10 年〜 15 年ある長期備蓄水をまとめて購入し、自宅で保管する「専用備蓄」がおすすめです。

　一方、「水以外」の飲み物なら定期的に購入するという場合は、そうした飲み物をローリングストックする方法もあります。**お茶、ジュース、炭酸水、機能水など、定期的に消費する飲み物を数箱購入し、1 箱が空になったら箱で補充**するという方法です。飲み物は水でなくても構いませんし、お茶でご飯を炊くこともできます。

　ただし、「水」は飲料や調理以外にも使いますので、ペットボトル水の専用備蓄と、各種飲み物のローリングストックを併用して、何にでも使える「水」を確保しつつ、飲み物の全体量を増やすようにするとよいでしょう。

36

食料備蓄ノウハウ
短期備蓄編

生活用水の備蓄はどうすれば？

水そのものではなく
水道の利便を道具で備蓄する

　水の備蓄方法には2つの方向性があります。

　飲料用や調理用に「水や飲み物」を準備する方法と、トイレや風呂などの生活用に「水道の利便」を道具で準備する方法です。

　水や飲み物の量の目安は「1日あたり1名に3ℓ」ですが、生活用水は膨大で、平時には1名辺り200〜300ℓ程度の水が必要となります。そのため、**生活用水を「水」だけで備蓄することは物理的に困難**です。

　トイレは袋と凝固剤がセットになった「備蓄トイレ」を使い、風呂は身体を拭うことのできる「備蓄ボディタオル」や「ドライシャンプー」などのグッズを用意します。

　食器洗いをしない前提で、食器にラップを被せて使ったり、紙皿や紙コップを使う準備をするのもおすすめです。

　洗濯はあきらめて着替えを多めに準備するなど、**日常、水道で得ている利便を道具で代替する準備**が、生活用水の備蓄の代わりとなります。

37

食料備蓄ノウハウ
短期備蓄編

トイレはどうしたらいいですか？

袋と凝固剤がセットになった備蓄トイレを1人に1箱準備する

　食料備蓄の際に重要な準備物がトイレです。水と食料を1週間分準備するなら、トイレも1週間分準備する、入口と出口の量は同じにしなければなりません。

　在宅避難には、便器に被せる「袋」と、液体を固める「凝固剤」がセットになっている備蓄トイレを準備します。50回入り・100回入りの箱を1人に1つ準備しましょう。

期限は10年〜15年ほど、箱で買ってしまっておきましょう。また左下は5回分のトイレセットで、普段はアートとして飾っておけます（アートトワレ）。

備蓄トイレの袋を便器に被せ、使用後は凝固剤をかけて液体を固め、ゴミ回収が始まるまで自宅で保管します。

38

食料備蓄ノウハウ
短期備蓄編

【在宅避難・短期備蓄の具体例】
主食類のローリングストック

主食はローリングストック向き
調理手段も準備することが重要

お米、乾麺（そうめん・うどん・そば）、パスタ、シリアル、オートミールなど、賞味期限が数週間〜数年ある主食類は、ローリングストックに向いた食べ物です。

定期的に食べているものを少し多めに購入し、消費しながら補充するだけで、最低限の備蓄が完了します。ただし、平時に食べきれる量の範囲内で備蓄をしなければ、ローリングしきれずに期限切れとなります。無理なく消費できる量の主食の在庫を、常に確保しましょう。

また、**主食類の多くはそのままでは食べることができません**。ポータブル電源で炊飯器を動かす、カセットこんろで麺をゆでる、などの調理手段をあわせて準備する必要があります。また麺類とあわせて濃縮めんつゆを、パスタとあわせてレトルトパスタソースをストックするなど、その主食類を食べられる準備を整えることも重要です。

備蓄の量を簡単に増やせる主食類を、ぜひ日常備蓄に取り入れてください。

39

食料備蓄ノウハウ
短期備蓄編

【在宅避難・短期備蓄の具体例】
おかず類のローリングストック

各種の栄養素を摂取するため普段食べているおかずを日常備蓄

　災害時の食事は主食中心で炭水化物が多くなりがちですので、おかず・副食を備蓄に加えることで、タンパク質やビタミンを補えるとよいです。

　缶詰や瓶詰め、レトルト食品、インスタントやフリーズドライ食品、乾物や粉物など、普段からよく食べるものがあれば、少し多めにストックしてローリングストックに追加しましょう。

缶詰や瓶詰め（左上）、レトルト食品や調理ご飯（右上）、インスタント食品やフリーズドライ（左下）、乾物（右下）。

40

食料備蓄ノウハウ
短期備蓄編

【在宅避難・短期備蓄の具体例】
お菓子や嗜好品のローリングストック

よく食べるお菓子や好きなお茶を非常時のメンタルケアに活用する

　災害時にお菓子や嗜好品は贅沢と思われるかもしれませんが、**甘いお菓子や好きな香りのお茶はストレスケアやメンタルケアに役立ちます**。

　また平時はダイエットの敵となる**カロリーの多い菓子類も、非常時には食事の一部として役立ちます**。平時にうっかり食べ尽くさないように注意して、日常備蓄を行いましょう。

お菓子や嗜好品も立派な備蓄品です。落とし穴としては平時に食べ尽くしてしまい、補充が間に合わなくなること。鉄の意志が必要ですが、ストックを残しましょう。

41

食料備蓄ノウハウ
短期備蓄編

栄養バランスはどこまで気にする？

まずは備蓄の量を確保するのが優先
サプリを日常備蓄してバランスを補う

　栄養バランスは平時にも災害時にも重要な要素ですが、災害時の優先順位はまず量を確保することです。

　余裕があれば３食バランスの取れた食事にすべきですが、**気を配り過ぎると備蓄そのものができなくなってしまいます**。在宅避難の目安は３日から７日程度、健康な方であれば栄養バランスが原因ですぐに命にかかわることはありません。最低限の量を確保してから、全体のバランスを整えるようにしましょう。

　手軽に対策するならば、サプリの日常備蓄がおすすめです。ビタミン＆ミネラルなどのサプリを日頃から飲むような習慣を持ち、少し多めにストックを持つことができれば、災害時の栄養バランスの改善に役立ちます。

　なお、栄養バランス以前の問題として、**アレルギーを持っている家族や、介護が必要な家族がいる場合**は、アレルギー対応食品や介護食などの在庫を、多めに確保するようにしましょう。

55

42

食料備蓄ノウハウ
短期備蓄編

【在宅避難・短期備蓄の具体例】
日用品のローリングストック

日々使うものはすべて日常備蓄可能
普段使う場所で少し多めにストック

　日常備蓄が有効なのは食品だけではありません。**ティッシュ、トイレットペーパー、除菌スプレー、食品ラップ、ゴミ袋、その他の日用品**を含め、平時にも非常時にも使用するものは、「いずれ使うものを先に買う」という考えで、日常備蓄をするのがおすすめです。

　これらの備蓄品は、倉庫や物置に入れてしまうと平時の使用が大変になるため、普段使用する場所の近くに保管して、補充を楽にするのがよいでしょう。

　毎日消費する日用品は、ローリングストックによる備蓄が向いていますが、**たまにしか使わないものであっても、保存がきくものであればローリングストックが可能**です。

　たとえば紙皿や割り箸など、毎日は使わないがレジャーや来客時に使うものも、事前に購入してしまっておけば、平時にも非常時にも役立ちます。

　ゴミをため込まないように注意しつつ、箱などにまとめて物置やクローゼットで保管しておきましょう。

43

食料備蓄ノウハウ
短期備蓄編

家屋が倒壊したら備蓄は無駄？

在宅避難は大災害以外でも必要です
停電や断水に備えた備蓄を常に確保

　自宅に備蓄品を確保しましょうという話を聞くと、大地震で家が倒壊したり、水害で自宅が沈んだりしたら、すべて無駄になるから備蓄なんてしても意味がない、と思われる方がいるかもしれません。

　自宅を失えば備蓄品も無駄になる、これは事実です。しかし備蓄品が必要になる状況というのは、家を失うような災害時だけではありません。**自宅は無事だったけれどライフラインが停止して困る**、という状況への備えは常に必要です。

　大地震が遠方で発生し、自宅周辺の被害はなかったが発電所が止まって停電した……。台風による水害の影響は回避できたが、暴風により送電線が切断されて大規模な停電が生じた……。あるいは災害とは無関係に、老朽化した水道管が破裂して地域一帯が断水した……。大雪や火山灰の影響で物流が停止して、お店からものがなくなった……など、「**自宅は無事だがライフラインだけが止まる**」という状況に備えて、食料備蓄を行いましょう。

57

44

食料備蓄ノウハウ
短期備蓄編

在宅避難で温かい食事をするには？

カセットこんろを準備して
加熱や湯沸かしをできるようにする

　在宅避難を行う際の重要アイテムとして、備蓄トイレと並ぶものが「カセットこんろ」です。

　お湯を沸かして温かい食事やお茶を作ったり、湯煎で食事を温めたり、ご飯を炊くことも普段通りの調理を行うこともできます。冬場は温かい食事が体力の維持に重要ですし、夏場も食材を加熱することで食中毒を回避するなど、カセットこんろは**命を守るためにも、災害時の生活水準を上げるためにも、大変重要なアイテム**です。

　カセットこんろは、ガスボンベ1本で最大火力を60分ほど維持できます。1日1本のガスボンベを用意できれば、朝昼晩で20分ずつ強火を使用することができます。**災害時に支援で得た食料を「おいしく」活用するため**にも、ぜひ加熱手段を準備しましょう。

　なお、カセットこんろを使用する際には換気が必須です。冬場の災害で停電が生じると寒さ対策で窓を閉め切りますが、必ず換気をしながらカセットこんろを使用してください。

45

食料備蓄ノウハウ
短期備蓄編

カセットこんろ以外のガス器具は？

調理器具、ストーブ、発電機など便利なカセットガス器具があります

　カセットガスボンベで使用できる器具は、カセットこんろだけではありません。こんろ以外の調理器具、カセットガスストーブ、カセットガス発電機など、様々な機器を平時にも非常時にも活用できます。平時から使えそうなものがあれば便利に活用し、そのまま災害時にも使用できるようにするとよいでしょう。

カセットガスボンベで使えるストーブ。各種安全装置が搭載されており災害時も安心。立ち上がりが早いので平時のサブ暖房機器としても優秀。写真はイワタニの「マル暖」。

調理家電も動かせる、カセットガスボンベで動く発電機。オイル交換やメンテナンスが必要なため手軽ではないが、確実に電力を得られるのは大きい。写真はEENOURの発電機。

46

食料備蓄ノウハウ
短期備蓄編

カセットガスボンベも備蓄できる？

カセットガスボンベの消費期限は7年 ローリングストックがおすすめ

　カセットガスボンベは、災害用の専用備蓄ではなく、平時から消費する日常備蓄による準備がおすすめです。

　専用備蓄は消費期限がくるたびに廃棄と入れ替えが必要ですが、カセットガスボンベはそのまま捨てることができず、中身を空にしてからでなければゴミに出すことができません。平時から少しずつ消費して、新しいものに入れ替えることで、安全かつ簡単に備蓄を行うことができます。

　カセットガスボンベの消費期限は、全メーカー共通で「7年」です。ボンベにさびやへこみがなければ、期限切れでも使用できそうですが、ガス漏れを防止するゴム部品が徐々に劣化するため、新品未開封でも7年で交換が必要です。

　毎年1～2本を自宅で消費して補充すれば、期限内のカセットガスボンベを常に10本前後自宅に確保できます。最大7年をかけたローリングストックがおすすめです。なお、同じ理由でカセットこんろなどのガス器具も使用期限は10年です。新品未開封でも買い換えをしてください。

47

食料備蓄ノウハウ
短期備蓄編

電気の備蓄はできませんか？

ソーラーパネルとポータブル電源で電力の自給自足が行えます

　令和時代以降に進化している電気製品が、コンセントを使える蓄電池「ポータブル電源」と、持ち運んで使える「ソーラーパネル」です。
　この2つを組み合わせることで、晴れている限り電力の自給自足が行えるようになります。スマホ充電をしたり、炊飯器でご飯を炊いたりできるため、食料備蓄にも役立つアイテムです。

ポータブル電源は、ACコンセント出力が「1500W」以上のものを選ぶと、ほぼすべての家電を動かせるので便利。ただし電気を使い切るとただの箱になるため、ソーラーパネルなどの発電手段を組み合わせるのがおすすめです。写真はJackery。

column

食品の賞味期限はどのくらい「いける」のか?

　食料備蓄で気になる要素が「賞味期限」です。専用備蓄をするにも、日常備蓄をするにも、とにかく賞味期限内での管理をどう行うかが課題となります。ところで**賞味期限というものは、かなり余裕を持って設定**されていますので、本来の期限の2〜3倍程度の期間は問題なく食べることができたりします（自己責任ですが）。備蓄食メーカーも、当初は「3年」の賞味期限で備蓄食を発売し、実際に3年が経過したところで味に問題がなければ、賞味期限を「5年」「7年」と徐々に延ばしていくという対応をとっているのです。

　さらに、缶詰やレトルト食品のように、**加熱殺菌をした上で完全密封されている食品については、開封しない限り「腐敗」という化学反応が生じません**。食品を腐敗させるためには、微生物と栄養が必要です。備蓄食の中には栄養が豊富に存在しますが、殺菌により内部の微生物は死滅しているため、穴が開いたり開封したりしなければ、物理的に腐敗がおこらないのです。多少の食味の悪化を気にしなければ、「ものすごく長い期間」食べられますもちろん、多くの人にとっては賞味期限切れの食品を食べることは、なんとなく嫌な気持ちが

するものです。**食べられるということを知った上で、それを強要することのないようにしましょう。**

自己責任！賞味期限チャレンジ！

レトルトカレー&パックご飯
超過期限：3年4ヶ月
本来期限：3年6ヶ月
3年以上の期限切れでしたが、味も食感も風味も問題のない、おいしいカレーライスでした。

桜肉（馬肉）の缶詰
超過期限：13年6ヶ月
本来期限：3年
13年以上の期限切れでしたが、問題無く食べられました。お酒やご飯にあう味付けです。

通常ではない保存方法によるお米の長期備蓄です
無洗米
超過期限：11年
本来期限：2ヶ月
次章で紹介する「無酸素保存」をした、11年前のお米を炊いて食べました。食味は低下していましたが、特に問題無く食べられました。「普通に保存」したお米はここまで持ちませんのでご注意を。

番外編

食料備蓄
はじめて
BOOK

食料備蓄
ノウハウ
【食料危機】
長期備蓄
編

48

食料備蓄ノウハウ
長期備蓄編

食料危機用の長期備蓄は何のため？

食料がなくて餓死する
という状況から命をまもる準備

　そもそもで言えば、「普通の防災」において食料危機対策の優先順位は低くなります。

　理由は発生頻度が低いことと、対策の上限にキリがないことです。大地震や水害は毎年のように生じますので、命を守るための対策が必須です。一方、備蓄がないと餓死の恐れがあるという状況は、日本の場合1945年の第二次世界大戦終戦後の混乱以降は生じていません。まずは防災リュックや在宅避難用の食料備蓄を行うことが重要です。

　では、食料危機への備えが全く不要なのかと言えばそうでありません。優先順位が低いというだけで、家庭の防災を万全にする場合には必要な対策となります。

　特に2020年以降、食料危機につながりかねない災害や紛争が連続しており、社会的な関心も高まっています。

　しかし長期備蓄は闇雲に行うと失敗します。ノウハウを学び計画を立てて取り組んでください。そのための知識を最後に紹介します。

65

49

食料備蓄ノウハウ
長期備蓄編

食料危機は起こり得るのか？

食料危機はフィクションではない！現実の危機に対する対策が必要です

　日本で食料危機が生じる状況は2つあります。ひとつは日本周辺のシーレーンに危機が生じたり、船舶輸送に影響が生じたりして、海外からの輸入が止まる状況。もうひとつは世界的な大凶作が発生し、日本に対する食料輸出が止まる状況です。こうした状況を生み出す要因として、次の様な自然現象・人災が考えられます。

①局地紛争や大規模な核戦争
周辺有事による輸入の停止や、核戦争による「核の冬」で
生じるおそれのある寒冷化と大凶作。

②宇宙ハザード
隕石衝突による「隕石の冬」現象や、太陽のスーパーフレアによる
地球規模の大規模停電や人工衛星の停止。

③超巨大噴火
超巨大噴火に伴う「火山の冬」現象で寒冷化が生じ、
世界的な大凶作が生じる恐れ。

④強毒性の感染症パンデミック
若年層の致死率が高い、強毒性の感染症パンデミックによる、
世界的な物流生産への大きな影響。

50

食料備蓄ノウハウ
長期備蓄編

食料危機への備えはどのくらい？

備蓄すべき量ではなく
備蓄できる量を考える

「普通の防災」における備蓄の量は、最低3日分・できれば7日分と説明しました。

これは外部支援が本格化するまでの期間、あるいは被災地から外へ出られるようになるまでの期間が根拠になります。

一方、**食料危機が発生した際に「このくらいの食料があれば助かる」という量を求めることは困難**です。混乱が2週間、1ヶ月、半年、1年、どの程度で収まるのかを予測することはできないためです。

流通網の混乱で生じる短期的な食料危機であれば、2週間から1ヶ月程度の備蓄で対処できる可能性があります。

一方、異常気象や寒冷化などで大凶作が生じた場合、ワンシーズン・1年間程度食料危機が継続する恐れもあります。

また万全の準備を行っても、幸運なことに本番が訪れない可能性もあります。

そのため、**長期備蓄は「すべき量」ではなく「できる量」から目標を定める**ことになります。

67

51

食料備蓄ノウハウ
長期備蓄編

専用備蓄で長期保存をするなら？

賞味期限25年の
サバイバル®フーズを活用

　そもそも、食料危機への備えを長期備蓄で行うためには、備蓄専用のスペースと、かなりの費用を必要とするため、一般家庭においてはおすすめできません。「どうしても専用備蓄で備えたい」と望まれるなら、サバイバル® フーズの活用がおすすめです。

　サバイバル® フーズは、日本の企業（株）セイエンタプライズが長年販売をしている備蓄食で、フリーズドライの雑炊やシチューを缶詰にすることで、25年という驚異的な賞味期限を実現しています。

　大缶6缶・60食セットで約5万円（執筆時）と費用はそれなりにかかりますが、入れ替えの手間がほぼなくなるため、**「毎年1箱ずつ購入し続ける」**などの方法で、食料危機に対する専用備蓄を行うことができます。

　一部の食料は日常備蓄で確保し、**「塩・砂糖・蜂蜜」**など、**賞味期限のない食料を、極限状況への備えとして専用備蓄する**という方法も考えられます。

52

食料備蓄ノウハウ
長期備蓄編

日常備蓄で長期保存をするなら？

ローリングストックと
コンテナストックを組み合わせた備蓄

　食料危機への備えを日常備蓄で行う場合の方法は、在宅避難用の短期備蓄と同じです。

　しかし、最低3日・できれば7日分を目標にする短期備蓄と異なり、長期備蓄の場合は目標に上限がないため、「できる範囲」で備蓄の量を決めることになります。

　日常備蓄は、始めることよりも続けることの方が難しく、いかにして「期限内に消費して入れ替えるか」が重要になります。

　毎日食べる主食類や消費量の多い食品・日用品は、ローリングストックできる量も多いため、長期備蓄にも有効です。

　一方、**消費量の少ない食べ物は消費と入れ替えの手間が大きくなり、ローリングストックには向きません**。この場合は、「品目」単位ではなく「箱」単位で雑に管理を行える「コンテナストック」による日常備蓄がおすすめです。

　備蓄方法のメリット・デメリットを知って、使い分けることが重要です。

53

食料備蓄ノウハウ
長期備蓄編

ローリングストックの落とし穴とは？

> **多品目・小消費**の物品は
> 管理が大変でローリングが止まる！

　便利なローリングストックですが、「**分量が増えると面倒になる**」**という弱点**があります。

　備蓄の種類が増えると、期限の近いものを探し出す（先入れ先出し）ことが困難になり、備蓄品を使うことが大変になるためです。ローリングストックを**長続きさせたい場合は、「一目ですべての備蓄品と期限が見られる」ようにすることが重要**です。

整理されているように見えますが、賞味期限が見えづらく、量も多すぎてローリングが止まる恐れが高い。

備蓄品や期限が見やすい。手前から取って奥から補充というルールを守れば、ローリングを続けやすい方法。

54

食料備蓄ノウハウ
長期備蓄編

コンテナストックの活用方法は？

物品単位ではなく箱単位で消費と補充
大量の備蓄品を楽に管理できる！

　日常備蓄の手法のひとつ、「コンテナストック」では、**備蓄したい食べ物を「物品単位」ではなく、適当なサイズの「箱単位」で管理**します。たとえば賞味期限が1年程度の食べ物を、自由に詰め込んだ箱を10箱作ります。この箱を毎月1箱開封し、1ヶ月で中身をすべて食べ、新たに補充した箱は10ヶ月後に開封する……というサイクルを繰り返します。箱に入れるものは、平時にも非常時にも食べたり使ったりするものであれば、何でも構いません。

　箱の大きさは自由ですが、平時の1ヶ月で食べきれる・使い切れる量のものを入れることが重要です。これだけ守られれば、中身は好きにアレンジできます。

　毎回期限チェックが必要なローリングストックと異なり、とにかく**「毎月1箱あけて、1ヶ月で空にする」だけで対応**できますので、備蓄品の種類が増えても対応可能です。短期備蓄には過剰ですが、長期備蓄をライフスタイル化したい場合に、おすすめの方法です。

解説
コンテナストックのやり方

食品単品ではなく箱単位で消費・補充をします

定期的に「箱」を開封し、同じものを補充し続けます。

STEP ①：備蓄したい食品を調達

●セレクトする食品の条件
「賞味期限がおおむね1年以上」である。
「平時の1ヶ月で食べきれる量」である。

STEP ②：備蓄箱を 10 箱作る

箱の大きさや数は、室内に置ききれる量に調整してください。

STEP ③：毎月1箱食べて、新たに1箱補充する

毎月1箱を開封して、すべて食べる。そして同じ物を買ってきて新たに1箱作る。これをエンドレスで行うことで、多品目の食品を無駄にせず一定数キープできます。

●賞味期限1年の食品であれば、10箱ではなく12箱作って循環させても構いませんが、期限に多少余裕を持たせる目的で、ここでは10箱としています。
●また、賞味期限が数ヶ月以上ある食べ物は、多少の期限超過は問題ありません。賞味期限8ヶ月の食品を、10分割して10ヶ月後に開封しても健康に問題が生じることはないでしょう（原則は自己責任で）。

コンテナストックの運用実例

最新版のコンテナストックの一例。平時の1ヶ月で食べきれる量の食品を入れます（賞味期限がおおむね10ヶ月以上あるものを詰めています）。

わが家の初期のコンテナストック。当時はダンボールでしたが今は写真左のプラスチック製に。

この箱を10箱作って備蓄

毎月1箱を開封し翌月までにすべて食べる。
空になったら同じような内容物を買って、新たに1箱を作って補充。

- 10箱はあくまで目安。5箱を5ヶ月で運用してもOKです。
- 月2箱空けて倍量備蓄もOK。ご家族の人数や食生活に合わせて自由にやってみてください!!

55

食料備蓄ノウハウ
長期備蓄編

お米の長期備蓄方法は？

米は生鮮食品、長期備蓄に不向き
真空パック米や無酸素保存の活用を！

長期備蓄にぜひ加えたいお米ですが、**玄米や白米は生鮮食品であり、夏場は 1 ヶ月、冬場も 2 ヶ月程度しかもちません。**害虫やカビ、乾燥やにおい、呼吸や酸化作用で、食べられなくなったり食味が低下したりします。

年単位でお米を備蓄する場合には、劣化を防ぐ工夫が必要です。冷蔵庫による低温保管がベストですが、大量保存は難しいため、真空パック状態のお米を購入する方法や、自宅で無酸素保存を行う方法がおすすめです。

私自身も長期備蓄で取り組んでいる**「無酸素保存」は、食品を取り巻く酸素を取り除くことで、長期保存を実現する方法**です。

酸素を通さない特殊な「ガスバリア袋」の中に、お米と、「脱酸素剤」や「使い捨てカイロ」入れて完全密封すると、中の酸素がなくなり無酸素状態になります。この状態であれば、虫やカビが死滅し、呼吸作用や酸化も止まるため、1 年を超えるお米の備蓄が可能となります。

無酸素保存に必要な道具と実施のポイント

脱酸素剤

酸素をなくすために「エージレス®」などの脱酸素剤や、「使い捨てカイロ」を使います。5kgのお米に対して、エージレス® なら1000mℓサイズ、カイロなら「普通サイズ」を1つ使うのが目安です。脱酸素剤に付いている錠剤・シートは「酸素検知剤」、ピンクなら「無酸素」、青や紫なら「有酸素」を示します。

ガスバリア袋

「ポリ袋」は酸素を透過させてしまうため、「ナイロンポリ袋」「EVOH樹脂袋」「アルミ蒸着袋」などを使います。衣類圧縮袋にはナイロンポリ袋製の商品もあり、素材的にはガスバリア袋なのですが、「完全密封」が難しく、袋を閉じた直後は無酸素になりますが、すぐに酸素が浸入してしまいます。

完全密封

無酸素保存の難しさは「完全密封する」ことです。目に見えないサイズでも隙間があれば、酸素が浸入します。家庭であれば「真空パック機」や「ヒートシーラー」を使うことで、完全密封が可能ですが、手間がかかります。なお、ファスナーで完全密封ができるガスバリア袋を、私が運営するECサイト「そなえるすとあ」で販売しています。興味がありましたらぜひご覧ください。

・・・

「無酸素保存」イコール「真空パック」ではありません。脱酸素剤が吸収するのは「酸素」のみで、空気の約8割を占める「窒素」はそのまま残るため、必ずしも中の空気を吸い出した真空パックのような見た目、「カチカチ」にはなりません。体積が2割減るだけです。

column 長期備蓄は「普通の防災」ではない

　ここまで本書をお読みくださいまして、ありがとうございます。最後になりますが、改めて「長期備蓄は普通じゃない」ことを知っていただきたいと思います。

　家庭の防災で最初に行っていただきたいのは、大地震で即死しない家造りと、水害や土砂災害から避難するための準備です。水や食料を備蓄しても、逃げ遅れれば意味がなく、避難リュックを作成しても、自宅が倒壊すれば背負うことはできません。日本は世界有数の地震国で、「いつでも・どこにでも」大地震が生じます。また地球温暖化の影響で大雨の規模や頻度が増加する昨今、誰もが被災者になる可能性を秘めています。**まずは「普通の防災」を徹底してください。**

　その上で必要になるのが、「普通ではない」防災です。上級者コースとでも言うべきでしょうか。食料危機はいつでも生じる恐れのある災害ですが、いつ生じるかは分かりません。

　テレビやインターネットの災害情報は、派手なほど目立ちますので、防災に関する情報を集めると「食料備蓄をしなきゃ！　たくさんしなきゃ！　でも半年分はむりだ、どうせ死ぬから、何をしても無駄だ……」などと考えたくもなってしまいます。でも、そこまで考えないでください。

長期備蓄は普通ではない、上級者コースなのです。まずは最低 3 日分・できれば 7 日分の備蓄で十分なのです。たくさん備蓄できなくても悲観せず、できる範囲で行えば十分です。

そもそも、**食料危機に対する備えを個人が行うことに無理があります。**これほどの非常事態に対しては、本来、政府が全力で対策を講じるべきなのです。1 年程度、輸入が途絶えても、全国民を飢えさせないだけの備蓄がある……そういう国で暮らしたいと思いませんか。

しかし現実を見れば日本の「カロリーベースの自給率」は低く、目を覆いたくなるような惨状です。本来は土地と資源が許す限り食料を増産し、平時は海外へ輸出を行い、非常時には国民へ回すということをすべきなのですが、そのような計画は残念ながら見あたりません。であればこそ、できる範囲で、個人が食料危機への備えを行うことになります。これはイレギュラーなのです。

前々作『今日から始める本気の食料備蓄（2022 年・徳間書店）』は、この普通ではない備蓄を個人が行う方法を、私自身の経験と失敗談からノウハウ化した書籍です。食料危機の詳細、国の対策、個々人が行うべき長期備蓄のポイントを全て詰め込んでいます。合わせてご覧頂ければ嬉しく思います。

おわりに

　この本を執筆している 2024 年は、1 月 1 日に発生した「令和 6 年能登半島地震」を皮切りに、同じ被災地に追い打ちをかけた「奥能登豪雨」や、史上初の「南海トラフ地震臨時情報（巨大地震注意）」発表など、自然災害の相次ぐ 1 年となっています。

　さらに、世界最大の核兵器保有国ロシアによるウクライナ侵攻は混迷を極め、太陽極大期による X クラスの太陽フレアが連続発生するなど、上を下への大騒ぎとなっています。

　そんな状況下でまとめたのが、本書『食料備蓄はじめてBOOK』です。前作と前々作がややハードルの高い本になったため、災害の相次ぐ昨今において、防災の入口となる解説書を出したいという思いで執筆をしました。

　防災は平時が本番、この書籍をご覧頂いた皆様の食料備蓄と家庭の防災が、少しでも進むことを願ってやみません。どうか皆様の対策が「本番」を迎えず、良い意味で無駄になりますように。

　最後に、日頃『YouTube そなえる TV』や『Voicy そなえるらじお』を通じて応援してくださる皆様に感謝を。さらに毎度のギリギリスケジュールの中、最後の最後まで紙面の調整に魂を捧げてくださいました徳間書店の浅川亨氏には今回も深くお礼を申し上げます。そして今回も家庭を捨てて仕事場に籠もる私を、影から支えてくれた家族にも感謝を……しつつ、本当にすみません。たぶん今後もこんな感じです。

　2024 年 12 月 1 日　冬らしくない暖かな風の中、さらに増えた備蓄品に囲まれながら

髙荷智也

髙荷智也 (たかに・ともや)

合同会社ソナエルワークス 代表
備え・防災アドバイザー

1982年、静岡県生まれ。「自分と家族が死なないための防災対策」と「企業の実践的BCP策定」のプロフェッショナル。備え・防災・BCP策定に関する、講演・コンサルティングで日本全国を飛び回る。大地震や感染症パンデミックなどの防災から、銃火器を使わないゾンビ対策まで、堅い防災を分かりやすく伝えるアドバイスに定評があり、メディア出演も多い。著書に『中小企業のためのBCP策定パーフェクトガイド』(Nanaブックス)、『今日から始める本気の食料備蓄』、『今日から始める家庭の防災計画』(徳間書店)などがある。

YouTube『死なない防災!そなえるTV』

https://youtube.com/@sonaerutv

死なないための防災知識を!!

日本最大級の「防災専門」YouTubeチャンネル

Voicy『死なない防災!そなえるらじお』

https://voicy.jp/channel/1387

防災ノウハウ・災害トレンドを毎朝気軽にインプット!

平日6時に毎朝更新中

X(旧Twitter)『髙荷智也@防災アドバイザー』

https://x.com/sonaeru

最新情報・防災トークはXでご覧ください

Webメディア『備えるjp』

https://sonaeru.jp/

備えと防災に関する総合防災情報WEBサイト

著者への連絡やお仕事依頼はこちらから

食料備蓄はじめてBOOK
備蓄ノウハウ55
防災リュック・在宅避難・食料危機まで完全ガイド

第1刷 2024年12月31日

著　者　髙荷智也

発行者　小宮英行
発行所　株式会社徳間書店
　　　　〒141-8202　東京都品川区上大崎3-1-1 目黒セントラルスクエア
　　　　電話　編集 03-5403-4344／販売 049-293-5521
　　　　振替　00140-0-44392

印刷・製本　広済堂ネクスト

©2024 TAKANI Tomoya, Printed in Japan

本印刷物の無断複写は著作権法上の例外を除き禁じられています。
第三者による本印刷物のいかなる電子複製も一切認められておりません。
乱丁・落丁はお取り替えいたします。

ISBN978-4-19-865932-5